Yousef Al Hammadi
Nabeel Al Qirim
Mohammed Abuomar

Determinantes da seleção dos currículos de TIC nas escolas

Yousef Al Hammadi
Nabeel Al Qirim
Mohammed Abuomar

Determinantes da seleção dos currículos de TIC nas escolas

ScienciaScripts

Imprint

Any brand names and product names mentioned in this book are subject to trademark, brand or patent protection and are trademarks or registered trademarks of their respective holders. The use of brand names, product names, common names, trade names, product descriptions etc. even without a particular marking in this work is in no way to be construed to mean that such names may be regarded as unrestricted in respect of trademark and brand protection legislation and could thus be used by anyone.

Cover image: www.ingimage.com

This book is a translation from the original published under ISBN 978-620-2-02382-5.

Publisher:
Sciencia Scripts
is a trademark of
Dodo Books Indian Ocean Ltd. and OmniScriptum S.R.L publishing group

120 High Road, East Finchley, London, N2 9ED, United Kingdom
Str. Armeneasca 28/1, office 1, Chisinau MD-2012, Republic of Moldova, Europe
Printed at: see last page
ISBN: 978-620-7-74461-9

RESUMO

Esta investigação procura compreender os factores subjacentes à decisão de selecionar um determinado currículo de TIC para um determinado nível de ensino no sistema escolar. A hipótese é que as razões para tal escolha têm em conta diferentes contextos e factores, incluindo culturais (comportamentais, cognitivos), organizacionais, políticos e estratégicos. Com este objetivo em mente, o estudo analisa a literatura relevante e tenta lançar luz sobre as experiências de vários países ocidentais, incluindo os EUA, a Alemanha e a Austrália. A partir desta literatura, pode resumir-se que as experiências nos vários países são muito diferentes. O estudo analisa estas experiências, descrevendo em pormenor o que cada país introduziu nas suas escolas e as razões para o fazer. As implicações decorrentes dos diferentes países são também realçadas. No entanto, a investigação nesta área é escassa e confusa. Por conseguinte, através de uma revisão da literatura, modelos e ferramentas relevantes, este estudo tenta obter informações sobre as melhores directrizes curriculares em matéria de TIC para satisfazer as necessidades das escolas secundárias nos EAU, numa perspetiva institucional.

Palavras-chave: TIC, currículo, escola, definição, implementação

CAPÍTULO 1 INTRODUÇÃO (DEFINIÇÃO DE TIC E CURRÍCULO)

As Tecnologias da Informação e da Comunicação (TIC) não são uma disciplina científica óbvia como a matemática, o inglês ou as ciências, uma vez que estas disciplinas têm um lugar mais seguro no currículo escolar geral. Capuk define as TIC da seguinte forma: "As TIC são uma ferramenta de aprendizagem que pode facilitar uma série de actividades de aprendizagem, desde a tutoria até às simulações. As TIC são uma ferramenta de mediação, um artefacto cultural para as abordagens socioculturais da aprendizagem" (CAPUK, 2015). Beauchamp (1972) define o currículo nas escolas como "o processo psicológico do aprendente à medida que este adquire experiência educativa".

A importância do currículo de TIC nas escolas

Há um interesse crescente em saber como e porque é que precisamos de desenvolver currículos de TIC nas escolas. A razão para tal é, em primeiro lugar, o facto de as TIC terem a capacidade de mudar a natureza das disciplinas, uma vez que fornecem muitas ferramentas que nos permitem analisar e apresentar resultados. Em segundo lugar, as TIC estão a mudar a pedagogia, uma vez que proporcionam melhores abordagens para ajudar os alunos a aprender de diferentes formas. Além disso, as TIC permitem o acesso a dados e há quem afirme que aumentam o acesso à informação (OCDE, 2015). Por último, as TIC tornaram-se parte integrante da vida quotidiana de muitas crianças.

É inegável que as TIC desempenham um papel muito importante na melhoria da qualidade da educação. São ferramentas particularmente importantes que ajudam os professores e os alunos a trabalhar de forma mais eficaz. Para obter os melhores resultados na utilização das TIC, os professores precisam de estar equipados com competências adequadas em matéria de TIC e proporcionar-lhes um currículo avançado, que é o objetivo desta investigação.De acordo com De Witte e Nicky (2014), a utilização das TIC no ensino e na aprendizagem tem um impacto positivo na eficácia do ensino e na aprendizagem dos alunos. A utilização das TIC no ensino e na aprendizagem reforça os resultados educativos dos alunos e reduz o custo da educação. Também oferece aos estudantes mais flexibilidade e autonomia na sua aprendizagem e experiências. Outros benefícios da utilização das TIC no ensino e na aprendizagem incluem o desenvolvimento de competências de resolução de problemas, a prática de competências numéricas e a exploração de padrões e relações que desafiam os alunos, promovem o pensamento e a compreensão e ilustram graficamente a forma de minimizar equívocos.

T. Valentine et al. (2005) concluíram no seu relatório que tanto os alunos como os pais partilham a convicção de que a utilização crescente e adequada das TIC na escola pode potencialmente aumentar a inspiração e a segurança dos alunos e tornar o trabalho escolar mais agradável para os alunos. Becta (2007) afirma no seu relatório que as TIC, quando utilizadas de forma correcta e eficaz, influenciam positivamente a motivação, o empenho e a concentração dos alunos, tanto nas aulas como nos trabalhos de casa, e ajudam as escolas e os professores a colmatar o fosso entre a aprendizagem dos alunos dentro e fora da escola. De acordo com Seo e Woo (2010), um programa de ensino assistido por computador ajuda os alunos com dificuldades de aprendizagem em algumas disciplinas a aprender mais facilmente. O quadro 1 resume as vantagens e desvantagens do currículo TIC na escola.

Quadro 1: Vantagens e desvantagens das TIC nas escolas

Categorias	Comments	Author

Advanta ges	The use of ICT in teaching and learning have a positive effect on teaching effectiveness and student learning.	De Witte and Nicky (2014)
	Utilization of ICT in schools can possibly expand student inspiration and certainty and make schoolwork more wonderful for the students.	T. Valentine et al. (2005)
	• When utilized correctly and effectively ICT positively influences student motivation, engagement, and concentration. • Helping the schools and the teachers in bridging the gap between pupils' in-school and out-of-school learning • Allowing a more immediate and personalized feedback based on a given pupil's learning progress and conditions.	Papastergiou (2009); Zain et al. (2004); Kulik & Kulik (1991); Means, Roschelle, Penuel, Sabelli, & Haertel (2003); and the Becta (2007).
	ICT usage would enhance students' motivation and engagement in learning.	Becta, 2003; Passey, 2005; Passey, Rogers, Machell, &

		McHugh, 2004.
	Computed-assisted instruction program will help the students who have learning disabilities in some subjects to be more easily.	Seo and Woo (2010)
	Help address workload issues for some teachers, especially the individuals who are confident in its utilization.	Selwood and Pilkington (2005) and PricewaterhouseCooper (2004)
	• Has an edit effect in terms of quality of student work and practical examples through visualization. • Improves poor handwriting and English skills through word processing. • Equalizes individual differences and particularly has dramatic effects for students with special needs. • Enables collaborative learning with little indication of the isolated learner.	Meredyth 1999, Wenglinsky 1999, Comber and Green 1999, Lankshear et al. 1997.
	There is no certain evidence on the	Cuban and

	effectiveness of ICT in education.	Kirkpatrick (1998) and by Becta (2007)
	Utilizing technology in educating could undermine the teacher–pupil relationship.	Condie et al. (2005)
	Some teachers were worried that use of ICT may occupy the students from learning.	Hennessy et al. (2005)
Disadva ntage	Increase in maintenance costs, decrease in the human interaction.	Zain et al. (2004) and Hennessy et al. (2005)
	Many students in low income families and communities do not have access to computers either at school or at home.	Blackmore, J., Hardcastle, L., Bamblett, E., & Owens, J. (2003).
	The use of ICT-tools in the classroom being more a distraction to pupils than anything else.	van Braak, 2001
	<ul><li>Technical problems in the classroom.</li><li>School inspectors focus more on the quantity of course content and student test scores than on ICT usage.</li></ul>	Yildirim, 2007

| | • A lack of in-service training on the use of ICT.

 • Uncertainty about the possible benefits of using ICT in the classroom. | |
| | Limited knowledge and experience of ICT in teaching contexts. | Honan, 2008 |

O quadro 1 apresenta as vantagens e desvantagens da utilização das TIC nas escolas. O quadro acima mostra que as vantagens são mais importantes do que as desvantagens. Os investigadores concordaram com as vantagens da utilização das TIC nas escolas. No entanto, não negaram os desafios envolvidos, que podem ser resolvidos por diferentes métodos. A maior parte da investigação centra-se nos potenciais benefícios da utilização das TIC nas escolas e no ensino e aprendizagem, mais do que nas desvantagens da utilização das TIC nas escolas. O estatuto económico das autoridades responsáveis pelo fornecimento do equipamento constitui um sério obstáculo, uma vez que os custos destes preparativos para a integração das TIC no ensino são extremamente elevados. As vantagens enumeradas beneficiam sobretudo os alunos nos diferentes domínios da sua vida, tanto na escola como fora dela.

Desenvolvimento dos currículos de TIC no mundo

Os currículos baseados nas tecnologias da informação e da comunicação são uma nova tendência no sector da educação atual. Há muitos países que estão a introduzir currículos de TIC nas suas escolas. Tal como o avanço tecnológico está a mudar as vidas, o mesmo acontece com o sector da aprendizagem e da educação no mundo. A integração da tecnologia é atualmente uma nova tendência no mundo. Os países em desenvolvimento também estão a encontrar uma forma de integrar a tecnologia na educação (Vanderlinde, 2011). No entanto, nos países em desenvolvimento, os currículos não são muito avançados e os professores desses países também têm dificuldade em utilizar as TIC na aprendizagem e no ensino. Há muitos factores que dificultam a implementação do currículo TIC nas escolas dos países em desenvolvimento, tais como a taxa de alfabetização, a cultura do país e o nível de avanço tecnológico nesses países. O currículo de TIC é introduzido no quinto ano nas escolas dos EUA e no décimo segundo ano nos países em desenvolvimento. Por conseguinte, cada país tem o seu próprio currículo de TIC, que é introduzido nas escolas a diferentes níveis.

Existem várias abordagens para o desenvolvimento de currículos de TIC nas escolas. A seguir, explicam-se estas abordagens.

1. Três abordagens nas escolas públicas dos EUA

Existem três opções para integrar as TIC num currículo escolar público dos EUA que são regularmente utilizadas nas escolas do ensino básico e secundário:

1. Um curso separado de TIC
2. Em todo o currículo
3. Uma mistura de cursos e de trabalho interdisciplinar

A maioria das escolas nos EUA utiliza o primeiro e o segundo métodos com grande sucesso, mas ambos apresentam riscos. Os cursos de TIC podem conduzir a uma cobertura exaustiva das TIC, enquanto o alinhamento total do currículo pode resultar em que muitos alunos não aprendam algumas partes das TIC ou não progridam para além das competências básicas. A terceira abordagem deve incluir um curso de TIC bem concebido com aplicação transcurricular para melhorar a aprendizagem em diferentes disciplinas (CAPUK, 2015).

2. Abordagens da UNESCO para o desenvolvimento de currículos de TIC

A melhor maneira de desenvolver um currículo de TIC é ter um modelo para o desenvolvimento das TIC. Um modelo que represente as principais características do desenvolvimento das TIC e forneça um enquadramento. Este quadro ajuda os administradores da educação e os decisores políticos a compreender as inter-relações entre as diferentes partes de um sistema (UNESCO, 2002).

São aqui apresentados dois modelos. O primeiro modelo imagina o desenvolvimento das TIC como um continuum ao longo do qual uma estrutura educativa ou uma escola individual pode determinar a abordagem que melhor reconhece o crescimento necessário das suas TIC no seu próprio contexto específico (Ng, W. K., Miao, F., & Lee, M., 2009).

A segunda descreve diferentes fases de modo a que os mais interessados na utilização das TIC nas escolas (professores e alunos) descubram, aprendam, compreendam e desenvolvam competências nas ferramentas TIC.

Para desenvolver as TIC, tanto nos países industrializados como nos países em desenvolvimento, devem ser aplicados quatro processos (UNESCO, 2002):

1- Revestimento
2- A aplicação
3- Enchimento
4- Conversão de

Nos países emergentes, os professores e os administradores estão apenas a começar a alargar as suas competências básicas em matéria de TIC e a explorar as possibilidades e os resultados da utilização das TIC nos sistemas de gestão escolar e da incorporação das TIC no currículo. Na aplicação, os professores e os administradores utilizam as TIC para tarefas que já são realizadas nos sistemas de gestão escolar e nos currículos. O professor controla em grande medida o ambiente de aprendizagem e o currículo demonstra uma utilização crescente das TIC em diferentes áreas disciplinares através de ferramentas e software específicos. A fase introdutória envolve a integração das TIC no currículo. Os professores demonstrarão novas formas através das quais as TIC podem melhorar a sua eficácia e prática profissional. O currículo integrará ainda mais as áreas disciplinares para incluir aplicações do mundo real. Finalmente, na fase de transformação, as escolas começam a utilizar as TIC como um instrumento de reflexão para rejuvenescer a organização escolar de forma original. O currículo centra-se agora na integração das diferentes áreas disciplinares em aplicações da vida real.

Como são definidos os programas de estudos?

Desenvolver um currículo de TIC não é uma tarefa fácil, requer uma investigação exaustiva e experiências de estudo. Devem ser desenvolvidas algumas normas para conceber o currículo de TIC. Nos países desenvolvidos, as TIC são uma disciplina obrigatória, tal como a matemática e a história. O processo de criação de um currículo de TIC está relacionado com o crescimento do processo de aprendizagem e com os resultados positivos desta inovação (Bonifacio, 2013).

A implementação é principalmente necessária para garantir e promover os requisitos curriculares para diferentes sectores e estudantes, escolas, gestão escolar/curricular de três níveis ou nacional (ou provincial). O Ministério da Educação tem muitas responsabilidades e deveres para com o país, sendo as principais: preparar os currículos gerais para o ensino básico, formular a política de gestão dos currículos, determinar quais as disciplinas que devem ser incluídas no currículo nacional e quantas horas lectivas lhes devem ser dedicadas colectiva e individualmente, definir as normas curriculares nacionais e implementar ativamente o novo sistema de avaliação curricular. Os departamentos provinciais de educação são responsáveis pelo planeamento da implementação do currículo nacional na província (ou região autónoma ou município diretamente dependente do governo central), pelo planeamento e implementação do currículo provincial de acordo com a política de gestão do currículo nacional e as condições locais reais, e pela apresentação de relatórios ao Ministério da Educação. Os departamentos provinciais de educação estão exclusivamente autorizados pelo Ministério da Educação a planear os programas curriculares e a estabelecer normas curriculares locais para a província (ou para as regiões autónomas ou municípios diretamente dependentes do governo central). A escola desempenha um papel importante na aplicação do currículo nacional e local e está autorizada a desenvolver ou selecionar um currículo adequado que tenha em conta os interesses e as necessidades dos alunos, as tradições e as vantagens da escola, bem como as condições sociais e económicas locais.

A nível nacional e provincial, as autoridades educativas são obrigadas a gerir e a controlar a aplicação e o desenvolvimento dos programas curriculares nas escolas. Ao mesmo tempo, a escola é obrigada a informar o nível superior sobre os problemas encontrados na implementação do currículo nacional e local. O currículo nacional é um projeto nacional que dá aos professores a oportunidade de desfrutarem de uma nova vida numa nova sala de aula com o novo currículo e, por conseguinte, de desempenharem um novo papel como criadores de currículos em vez de implementadores passivos de currículos e transmissores de livros (Fu 2001). A gestão do currículo a três níveis parece indicar que o governo central quer convidar a escola e os seus professores a participarem no desenvolvimento do currículo.

O processo de conceção do currículo e a pedagogia estão intimamente relacionados. É considerado um processo controverso pelos teóricos do currículo. Discutiram vários aspectos do processo de aprendizagem (por exemplo, os objectivos, o conteúdo e a avaliação da aprendizagem). Alguns pontos de vista são a favor da mudança, outros são descritos como resistentes (Cuban & Tyack, 1995, p. 7). Os currículos têm muitas dimensões, tais como as dimensões política, técnica e vocacional (Stenhouse, 1975). Os sistemas educativos diferem de acordo com estas dimensões (Braslavsky, 2003). Os alunos permanecem na escola até 16 anos, enquanto os currículos podem ser replaneados de cinco em cinco anos, com pequenas alterações no âmbito de um processo de "ensino" ou de "introdução progressiva".

Há muita discussão sobre responsabilidade e cumprimento de normas (Taubman, 2009; Slattery, 2013). Trata-se também de saber o que faz com que os alunos funcionem nas comunidades e do que precisam (Young, 2013). Tudo isto e muito mais é considerado a força motriz ou o espírito do desenvolvimento curricular. Além disso, diz-se que as relações entre a melhoria da tecnologia e a resposta curricular são tensas.

CAPÍTULO 2 SITUAÇÃO DOS CURRÍCULOS GLOBAIS DAS TIC NAS ESCOLAS

A revisão da literatura identificou sete países que desenvolvem currículos de TIC com diferentes progressões nas escolas. Os Quadros 2, 3 e 4 apresentam alguns dos temas abordados nestes sete países, do 1º ao 13º ano.

Quadro 2 Currículos de TIC do 1º ao 5º ano.

Grades Countries	one	two	three	four	five
Germany-Berlin	-	-	-	-	-
USA (Kargiban and Kaffash, 2012)	Computer Basics, Keyboarding, Word	Same topics in grade	Scratch, Same topics	Multimedia and presen	Basic operations, Spreadsheet, Word

	Processing, Acceptable e Use, Copyright And Plagiarism and Communi cation and Collaborat ion	one with differe nt activit ies.	in grade two.	tation tools, Resear ch and Gather ing Infor matio n, same topics in grade three.	Processing, Scratch, Acceptable Use, Copyright And Plagiarism, Multimedia and presentation tools.
Slovakia (Kiss, 2012)		Theoretical knowledge. Word processing, Spreadsheet calculation, Programming, SQL, Database management. The National Educational Program does not assign precisely what teachers must teach in the various grades but announces the standards to be reached at the end of the senior section.			
Romania	-	-	-	-	-
UK (Department of Education,	Know what algorithms are, how they are accomplished as programs on digital devices, Make and edit			Design, write and edit programs that finish particular objectives, Design, write and edit	

2013)	simple programs, distinguish where to go for help and support when they have worries about content or contact on the internet.			programs that finish particular objectives, Comprehend computer networks involving the internet and Select, utilize and integrate a diversity of software.	
Australia (ACARA, 2013).	Creating ideas and information and sharing them online, solving problems using digital systems, learn the connections between technologies and the designed world and use drawing and modeling to communicate their design ideas.			Critique, explore and investigate needs or opportunities for designing and test and evaluate a variety of technologies, materials, systems, tools and techniques to produce designed solutions.	
Hungary	-	-	-	-	-
Observations	In these grades, the common point is the concentration on general topics about ICT, problem solving process, algorithms, and incentivizing the student's critical thinking. In USA curriculum, students			From this grade, countries, like USA and UK, start involving students in more practical topics alongside with applying this knowledge to certain	

	take more practical topics, such as word processing, keyboarding, and Scratch programming.	tools and programs. Countries, like Australia, make more emphasis on the critical thinking and problem solving capabilities of the students.

Quadro 3 Currículos de TIC do 6º ao 10º ano.

Grades Countries	Six	Seven	Eight	Nine	Ten
Germany-Berlin (Kiss, 2008)	Word Processing	Word Processing, Presentation	Presentation	Algorithm and Programming, Database Management	Algorithm and Programming, Database Management
USA (Kargiban and Kaffash, 2012)	Basic operations, Introduction to Spreadsheet, Word Processing, Research, Acceptable Use, Copyright and Plagiarism, Presentations. Note that the differences between all these grades that each grade have different activities and the activities becoming more advanced.				

Slovakia (Kiss, 2012)	Programming, SQL, Database management, Spreadsheet calculation, Word processing, theoretical knowledge. The National Educational Program does not assign precisely what teachers must teach in the various grades but announces the standards to be reached at the end of the senior section.				
Romania (Naţionale, 2009)	-	-	-	The basic algorithms and the use of one dimensional arrays	To find and arrange various algorithms
UK (Department of Education, 2013)	Same objectives in grade four.	Comprehend different key algorithms that reflect computational thinking, Comprehend basic Boolean logic [for instance, AND, OR and NOT], Comprehend the hardware and software components that make up computer systems, and how they connect, Execute creative projects that include selecting, utilizing, and integrating multiple applications and Make, reuse, review and repurpose digital artefacts for a given audience			

Australia (ACARA, 2013).	Develop project plans and production processes and procedures, communicate, evaluate and modify creative design ideas using a variety of techniques, select and use materials, components, tools, equipment and techniques correctly and safely to produce designed solutions.	Use appropriate digital technologies to collaborate, investigate, generate, and communicate innovative design ideas using appropriate representation techniques, develop and document detailed production plans and processes including resources.		
Hungary (Ministry of Education of Hungary,	Word Process ing	Word Processi ng, Algorith m and Program	Word Process ing, Spreads heet calculat	Word Process ing, Spreads heet calculat	Presentatio n

2003)		ming	ion, Algorithm and Programming	ion, Algorithm and Programming, Database Management.	
Observation	From this point and on, students start involving in more practical topics about ICT. They start word processing, making presentation, developing algorithms, and programming. This is common for the majority of the countries. Countries, like Australia, are engaging those practical topics in addition to other topics including project planning, designing, and evaluating.				

Quadro 4 Currículos de TIC do 11º ao 13º ano.

Grades / Countries	Eleven	Twelve	Thirteen
Germany-Berlin (Kiss, 2008)	Formal Languages and Automats	Formal Languages and Automats	Cryptography and data protection

USA (Kargiban and Kaffash, 2012)	Basic operations, Introduction to Spreadsheet, Word Processing, Research, Acceptable Use, Copyright and Plagiarism, Presentations. Note that the differences between all these grades that each grade have different activities and the activities becoming more advanced.		
Slovakia (Kiss, 2012)	Programming, SQL, Database management, Spreadsheet calculation, Word processing.	-	-
Romania (Naţionale, 2009)	Get acquainted with two-dimensional arrays, functions, procedures, stacks, lists, row data structures, binary trees and backtracking	Database management: preparation of databases, tables, relations, reports, queries, and forms.	-

	algorithms.		
UK (Department of Education, 2013)	Improve and apply their analytic, problem-solving, design, and computational thinking skills, Know how changes in technology influence security, including new ways to safeguard their online privacy and identity, and how to report a range of concerns.	-	
Australia (ACARA, 2013).	Investigate how knowledge of properties and characteristics of technologies, materials, and systems can be used to make judgments about their appropriateness, develop, document and apply detailed and logically sequenced production and management plans including time, cost, resources and production processes.	-	
Hungary (Ministry of Education of	-	-	-

Hungary, 2003)			
Observation	In all countries, in these grades, students integrate their previous knowledge into higher level of ICT, such as security, programming, database management, and, in Germany, cryptography. In grade thirteen, students do not take any further topics of ICT in most of the countries.		

As tabelas acima mostram que os sete países têm muitas semelhanças nos seus currículos de TIC, mas também algumas diferenças. Na Austrália, por exemplo, as TIC são uma disciplina obrigatória para os alunos com idades compreendidas entre os seis e os catorze anos, tornando-se uma disciplina opcional após os catorze anos (Dilkes, J., Cunningham, C., & Gray, J, 2014). No entanto, na Roménia, os alunos recebem as suas primeiras aulas de TIC no nono ano (Nationale, 2009), enquanto os alunos nos EUA começam as suas primeiras aulas de TIC no primeiro ano. Na Eslováquia, as TIC são uma disciplina obrigatória e o currículo não especifica exatamente o que os professores devem ensinar nos diferentes anos de escolaridade (Eurydice et al., 2002). Na Alemanha, os alunos começam a aprender os conceitos básicos de informática no quinto ano, numa base semanal (Kiss, 2008). Os alunos na Alemanha e nos EUA aprendem TIC até ao décimo terceiro ano, enquanto os alunos noutros países param no décimo segundo ano.

Comparações entre países

Para uma comparação detalhada entre países, o Quadro 5 mostra que a Alemanha, a Hungria, a Eslováquia, a Roménia, o Reino Unido, a Austrália e os EUA utilizam as seguintes ferramentas TIC nos seus currículos: Processamento de texto, apresentações, folhas de cálculo, algoritmos e programação, e gestão de bases de dados. Em geral, o Reino Unido e a Austrália ensinam as TIC durante cerca de duas a três horas por semana, uma vez que algumas das suas escolas leccionam diferentes aulas de TIC. O Quadro 5 mostra que as TIC são uma disciplina obrigatória em todos os países, mas a diferença reside na classe em que as TIC são uma disciplina obrigatória. Por exemplo, na Alemanha e na Hungria, os alunos começam a ter aulas de TIC a partir do quinto ano, enquanto no Reino Unido, na Austrália e nos EUA, as aulas de TIC começam no primeiro ano. Na Eslováquia, os alunos começam a ter aulas de TIC no segundo ano, mas no primeiro ano as TIC fazem parte do currículo do jardim de infância, embora não sejam ainda uma disciplina obrigatória. Na Roménia, os alunos começam as aulas de TIC no nono ano, mas também acontece que os alunos do quinto ao oitavo ano aprendem TIC numa aula por semana durante um ano.

Quadro 5: Comparações pormenorizadas dos currículos de TIC entre países

Countries	Common topics	Hours	Mandatory or Elective subject	Start studying ICT
Germany (Kiss, 2008)	1. Word processing. 2. Presentations. 3. Spreadsheet calculation.	1. Two to three hours for basic level per week.	Some of the regions are mandatory like Bavaria and	Grade five

	4. Algorithm and programming. 5. Database management.	2. Three hours to five hours for higher level per week.	Saxony and some of the regions aren't mandatory.	
Hungary (Ministry of Education of Hungary, 2003)	1. Word processing. 2. Presentations. 3. Spreadsheet calculation. 4. Algorithm and programming. 5. Database management.	1. Two hours for basic level per week. 2. Three hours for higher level per week.	Mandatory subject, but its elective subject in the last two years.	Grade five
Slovakia (Kiss, 2012)	1. Word processing. 2. Presentations. 3. Spreadsheet calculation. 4. Algorithm and programming.	1. One class per week for junior students. 2. Half class per	Mandatory.	Grade two

	5. Database management.	week for a senior.		
Romania (Naţionale, 2009)	1. Word processing. 2. Presentations. 3. Spreadsheet calculation. 4. Algorithm and programming. 5. Database management.	One to two hours per week.	Mandatory from grade nine. Before grade nine ICT not mandatory.	Grade nine
UK (Department of Education, 2013)	1. Word processing. 2. Presentations. 3. Spreadsheet calculation. 4. Algorithm and programming. 5. Database management.	Two to Three hours per week.	Mandatory.	Grade one
Australia (Dilkes, J.,	1. Word processing. 2. Presentations.	Two to Three hours per week.	From grade one to grade ten	Grade one

Cunningham, C., and Gray, J, 2014).	3. Spreadsheet calculation. 4. Algorithm and programming. 5. Database management.		ICT mandatory subject. After grade ten will be elective.	
USA (Kargiban and Kaffash, 2012)	1. Word processing. 2. Presentations. 3. Spreadsheet calculation. 4. Algorithm and programming. 5. Database management.	One to two hours per week.	Mandatory.	Grade one
Observations	The seven countries have Word processing, Presentations, Spreadsheet calculation, Algorithm and programming,	All of these countries have at least one hours per week.	ICT subject is a mandatory subject.	Students start studying ICT from grade one and some of them

	Database management in their curriculum.			from grade five.

As edições foram publicadas nos seguintes países

Como mostra o quadro 5, foram encontrados vários problemas nos diferentes países:

Na Hungria, é ensinado o pacote Microsoft Office, enquanto na Alemanha são ensinados outros softwares livres e o Open Office. De acordo com Kiss (2007), a razão para esta diferença entre a Alemanha e a Hungria é evitar o custo de software dispendioso que, de outra forma, teria de ser comprado pela família.

Na Alemanha, as folhas de cálculo estão ausentes do currículo de TIC em 5 regiões, uma vez que as folhas de cálculo estão integradas na matemática, enquanto o processamento de texto só está ausente em 2 regiões. De acordo com Kiss (2008), as escolas alemãs são melhores do que as húngaras nestes domínios:

- Nas regiões alemãs, são leccionadas mais horas por semana no sector das TIC do que na Hungria.

- Recursos financeiros para a aquisição e utilização de hardware e software de última geração.

- Os laboratórios de informática estão bem equipados e são numerosos.

- O software utilizado provém geralmente do sector público.

- Significativamente, todas as famílias têm um computador ligado à

Internet.

- Os estudantes alemães utilizam eficazmente as vantagens dos dispositivos informáticos após a licenciatura, enquanto a maioria dos estudantes húngaros continua a ter problemas com os programas de processamento de texto após o exame final.

Nas escolas romenas, os alunos iniciam os seus estudos de informática no 9º ano. Também acontece que os alunos do 5º ao 8º ano aprendem informática numa aula por semana durante um ano, mas o currículo depende dos professores. São várias as razões pelas quais os alunos romenos têm menos competências em matéria de TIC do que os alunos húngaros:

- Os alunos romenos têm uma a duas aulas por semana na escola primária, enquanto os alunos húngaros têm três aulas no ensino secundário.
- Na Hungria, os alunos começam a aprender tecnologias da informação

mais cedo.

- Os estudantes húngaros de informática têm melhores conhecimentos de informática do que os estudantes romenos de humanidades, uma vez que dedicam mais tempo a esta disciplina neste curso.
- Os professores na Roménia cobrem todos os tópicos descritos no Programa Nacional de Educação, enquanto os professores na Hungria têm de seguir rigorosamente o Currículo Básico Nacional, turma a turma e disciplina a disciplina.

Na Eslováquia, o currículo nacional não prescreve exatamente o que os professores têm de ensinar nos diferentes graus, mas especifica os padrões que devem ser alcançados no final do ensino secundário. Por isso, é indiferente que a programação seja ensinada no sexto ano de uma escola ou no oitavo ano de outra; o objetivo é atingir os padrões de conclusão do ensino secundário. A forma como os alunos têm de atingir estes padrões, o número de aulas por semana e o local onde aprendem a matéria fazem parte do currículo de cada escola. Esta norma é determinada conjuntamente pela direção e pelos professores da escola (Eurydice et al., 2002).

A Austrália é um país altamente desenvolvido, conhecido mundialmente pela sua educação de alta qualidade. As tecnologias TIC estão divididas em duas categorias: uma é o design e as tecnologias e a outra são as tecnologias digitais. No entanto, o problema é que há uma escassez de professores formados na Austrália (Tran, 2016). Os decisores políticos decidiram introduzir as TIC nas primeiras escolas, mas quem é que vai ensinar estas tecnologias aos alunos? O currículo de TIC na Austrália centra-se na computação e noutros problemas numéricos, mas o currículo de literacia está repleto de todos estes conceitos de computação e numéricos. Os alunos já não conseguem apreender o conceito em profundidade.

O Reino Unido, país real, também enfrenta o problema de utilizar as TIC na aprendizagem e na aspiração de forma adequada. O problema não é o facto de os governos não estarem a tomar as decisões adequadas para a implementação (Tatnall, 2008). As TIC na educação são um novo conceito que exige uma reorganização das escolas, colégios e universidades. É necessário mudar e a mudança não acontece de um dia para o outro. Há muitos factores que estão a causar problemas na implementação do currículo das TIC no Reino Unido.

Questões relacionadas com o desenvolvimento curricular das TIC

Em 1997, o Comité de Consultores para a Ciência e o Painel para a Tecnologia Educativa afirmaram que os professores deviam ensinar com a tecnologia educativa, não sobre a tecnologia educativa. Em 1997, o Comité de Consultores para a Ciência e o Painel de Tecnologia Educativa recomendaram a utilização da tecnologia educativa na sala de aula, e não o seu ensino. Os principais objectivos desta abordagem eram ajudar os alunos a compreender os conteúdos científicos, aumentar a motivação dos alunos e melhorar as competências sociais e de comunicação. Como resultado da caraterização da dificuldade da área de aprendizagem tecnológica, alguns problemas vêm à tona, como equívocos e falha na aplicação dos objectivos na prática (NCATE, 2002). Capuk (2015), que deu uma visão geral dos problemas no desenvolvimento de currículos de TIC, discutiu seis problemas relacionados com a identificação do domínio de conhecimento de TIC dos professores. Afirmou que é muito difícil identificar e interpretar a informação, as competências e as crenças que se espera que os professores tenham, mas é necessário que haja uma declaração compreensível e específica sobre as TIC como uma disciplina e sobre as TIC como um método de aprendizagem. Estas questões são delineadas nos pontos seguintes:

- Conhecimento do conteúdo: Não especificado no currículo nacional. Inclui conhecimentos de sistemas operativos e de hardware informático, bem como a capacidade de utilizar ferramentas de software padrão, por exemplo, programas de processamento de texto, folhas de cálculo, navegadores e correio eletrónico.
- Conhecimento pedagógico do conteúdo: Não definido com exatidão. Ensino de um tema utilizando uma tecnologia específica. (Software de simulação). Saber como utilizar a tecnologia no ensino de um tema científico (Shulman, 1986).
- Conhecimento Pedagógico Tecnológico do Conteúdo (TPCK): O TPCK é um tipo de conhecimento em crescimento que transcende as três partes (conteúdo, pedagogia e tecnologia). O TPCK é a base para

um bom ensino com tecnologia e requer uma compreensão de como representar conceitos utilizando a tecnologia (Mishra & Koehler, 2006).

- Conhecimentos pedagógicos gerais: O conhecimento pedagógico (CP) é um conhecimento abrangente dos procedimentos e práticas ou métodos de ensino e aprendizagem e da forma como engloba, entre outras coisas, propósitos, valores e objectivos educativos gerais. Os conhecimentos pedagógicos dizem respeito a todas as questões relacionadas com a aprendizagem dos alunos, a gestão da sala de aula, o desenvolvimento e a execução do plano de aulas e a avaliação dos alunos.

- Conhecimento sobre os alunos: Independentemente das características sociais e culturais-emocionais dos alunos, é necessário compreender os problemas e os mal-entendidos dos alunos no domínio das TIC.

- Conhecimentos curriculares: As TIC são uma disciplina nova. Os professores de TIC não têm um conhecimento profundo do currículo de TIC. A necessidade de utilizar uma série de software nas TIC torna o conhecimento do currículo das TIC mais complicado do que o de outras disciplinas.

CAPÍTULO 3 **FACTORES**

De acordo com o EDUsummIT 2015, as principais razões para incluir as TIC como uma disciplina no currículo do ensino básico e secundário são sociais, económicas e culturais, o que, de certa forma, ecoa o raciocínio de Hawkridge (1990) para a utilização de computadores pessoais nas escolas. A lógica económica é uma razão importante para a inclusão das TIC nos programas educativos. A lógica económica baseia-se não só na necessidade de um país educar cientistas informáticos para manter uma vantagem competitiva num mundo dominado pela tecnologia, mas também na necessidade de utilizadores profissionais das TIC em todas as indústrias para promover a inovação e a melhoria. A lógica social confirma a importância de inovadores e criadores activos na sociedade, em vez de consumidores negativos de tecnologia. A lógica cultural das TIC nas escolas envolve a proteção de valores e tradições originais. Além disso, os professores desempenham um papel muito importante na melhoria da qualidade da educação.

Quadro 6: Apresentação dos factores que influenciam as TIC

Factors	Effects	Author

The economic rationale	• From 2005 to 2015 the worldwide exports and imports of computer and information services have clearly grew, increased from 9 percent to 32 percent in worldwide exports and from 6 percent to 28 percent in worldwide imports. Q1 – Have the exports and imports of computer and information services in the UAE clearly grew?	(World Trade Organization, 2014a, p. 134).
	• In the United Kingdom (UK), an evaluated £567.8 million was spent on ICT in schools, except software Q2 – How much did UAE government spend on ICT in schools last year?	(Twining and Henry, 2014).
	• Computer and information services were specified as the seventh biggest commerce segment by value, especially between developed nations, from 2008 to 2013. Q3 – What is the value of Computer and information services in commerce segment?	(UNCTAD, 2014, p. 7).

	• Export increase in the segment was reach to 20 percent from 2011 to 2013, through the period 2005 to 2013 was the highest of any universal commerce segment. Q4 – What is the status of Computer and information services in commerce segment?	(UNCTAD, 2014, p. 11) and (WTO, 2014b, p.25).
	• There is expectation about paucity of computer scientists around 100 to 500 thousand come from Australia and Europe. Q5 – How many computer scientists are in the UAE?	(ACS, 2015, p. 34; Husing & Korte, 2010).
	• The social logic confirms the importance in society of active innovators and creators instead of negative consumers of technology. • This ability serves people with power to drive, create and devise inside the society and accordingly, is also a question of entitlement to "powerful knowledge" providing	(Young, 2003).

The social rationale	individuals chances to select their turn in society. Q1 – Do the consumers of technology in the UAE have negative or positive effect on the society? What is the effect of the technology consumers on the UAE society?	
	• ICT produces probable new forms of governance and re-understand our feeling of particularity Q2 – what does ICT produce for particularity?	(Tsohou, Lee, & Irani 2014).
	• Some of the robots can provide comfort for elderly people in senior care organizations, and taxis or trucks stop to need drivers. Q3 – what is the relationship between the technology and feeling of moral conduct?	(Sharkey & Sharkey, 2012) and (Ticoll, 2015, p. 48).
	• The cultural logic makes the people able to acclimate with cultural diversity, instead of effect the people by	(Webb et al., 2015, p.61).

	technological developments from outside the society. Q1 – Are there any effects of technological developments from outside the UAE society?	
The cultural rationale	• Numerous of successful movies produced and exported by Hollywood yearly to the world. These movies reflect the USA context like language, traditions, attitudes, moral values, and mores. Q2 – What kind of attitudes and traditions produced by the Hollywood and Nollywood movies?	(Matusitz & Payano, 2011)
	• Computer games are sold more than the film industry, there is an extra explanation for domestic inventive talent to supply rivalry to imported entrenched values and dialect. • In 2014, the universal video game market was evaluated to be worth $US102 billion while, film industry (global box office) was evaluated around $US36 billion.	(van der Meulen, 2013; MPAA, 2014, p. 2)

	Q3 – How did the computer games effect of Emirates students?	
	• The social media simplify data building, contribution, and involvement on an unmatched scale. Shopping online become widely and has a big impact. A lot of people made friendships online. Q4 – What did the professionals in ICT do to protect the national cultural values?	(Ofcom, 2008)
	• According to Vitanova, Atanasova-Pachemska, Iliev, and Pachemska, they found in the research surveyed including 220 teachers in Macedonia that 25% of the teachers have below basic ICT competency, 14% of the teachers have basic knowledge and skills to operate a computer, and 58% of teachers with proficient ICT competence. Q1 – what are the k-12 teachers' perceived ICT competencies?	(Vitanova, V., Atanasova-Pachemska, T., Iliev, D., & Pachemska, S, 2015).

Teachers	• According to Vitanova, Atanasova-Pachemska, and Pachemska, men are more likely to have higher ICT competence than women, ICT competence score decrease as age increase for teacher, the result of ICT competence score decrease as the experience of teachers in years increase. Q2 – what are the contributing factors that influence the acquisition of ICT competencies of k-12 teachers?	(Vitanova, V., Atanasova-Pachemska, T., Iliev, D., & Pachemska, S. , 2015).
	• In Australia, USA, UK, ICT is a subject, while the Czech Republic, Denmark, Lithuania, Poland and the Netherlands are working as such so, for the most part from the main classes of primary school. Q3 – Should the ICT be a separate subject?	(Winch's, 2013)
	• The quality of teachers remains a problem in many poor countries. Investment in teacher	(Swart, 2012).

	preparation and support is a prerequisite for education quality. Q4 – What are the qualities of ICT teachers in the UAE?	
	• ICT in education has the potential to be influential in bringing about changes in ways of teaching. Q5 – Do we need to have a new ways of teaching ICT in schools?	(Dawes, 2001).

Factores internos e externos

Observam-se duas categorias de factores que influenciam a utilização das TIC, ambas interrelacionadas (Tezci, 2011a). Uma categoria é a dos factores externos. Vários factores externos são reconhecidos no desenvolvimento da integração das TIC na educação. Os factores externos incluem a disponibilidade de tecnologia, a acessibilidade do equipamento TIC, o tempo para o planeamento das aulas, o apoio técnico e administrativo, o currículo, o clima e a cultura da escola, a carga de ensino dos professores e as rotinas de gestão, e a pressão para preparar os alunos para os exames nacionais de admissão (Al-Ruz e Khasawneh 2011; Lin, Wang e Lin 2012; Tezci 2011a). As barreiras mais comuns são a falta de acesso a computadores e software, tempo insuficiente para o planeamento do curso e apoio técnico e administrativo inadequado (Chen, 2008). Alguns destes factores estão positivamente relacionados com a utilização das TIC, como a disponibilidade de tecnologia e o apoio de técnicos e administradores (Al-Ruz e Khasawneh, 2011).

A segunda categoria é a dos factores internos que têm um impacto na integração das TIC na educação. Estes factores incluem a compreensão da utilização das TIC, as crenças, as atitudes em relação à integração das tecnologias, tais como as percepções, incluindo a intenção ou a motivação para utilizar as TIC, a confiança e os conhecimentos, as competências tecnológicas, a vontade de utilizar as TIC e a auto-eficácia tecnológica (Al-Ruz e Khasawneh 2011; Chen 2008; Lin, Wang e Lin 2012; Sang et al. 2011; Tezci 2011a). De acordo com Chen (2008), a perceção do professor sobre o material TIC que ensina é um fator importante. Por exemplo, a implementação do currículo com má interpretação e a pressão para completar todo o conteúdo do semestre.

De acordo com Teo et al (2008), um estudo quantitativo analisou a possível relação entre as crenças dos professores estagiários em Singapura sobre a educação e a utilização da tecnologia. As crenças de ensino construtivista eram importantes e estavam positivamente associadas à utilização de tecnologia construtivista e tradicional. Em contrapartida, as convicções pedagógicas tradicionais eram importantes e estavam negativamente relacionadas com a utilização construtivista da tecnologia. O resultado do estudo sugere que os professores em Singapura não estão adequadamente preparados para facilitar o desenvolvimento da aprendizagem dos alunos. Embora a tecnologia possa promover a aprendizagem interactiva e autodirigida e o pensamento de ordem superior, a integração da tecnologia não é a melhor abordagem para melhorar a aprendizagem. Embora a tecnologia possa promover a aprendizagem interactiva e autodirigida e o pensamento de ordem superior, a integração da tecnologia não é a melhor abordagem para melhorar a aprendizagem. Para atingir os objectivos educativos declarados, os professores devem estar familiarizados tanto com a tecnologia como com a forma de a utilizar. Caso contrário, o currículo de TIC por si só não alcançará a eficácia necessária (Koc 2005).

Currículo de TIC para o futuro

Há muitas razões para que a educação tenha mudado sob a forma de um pêndulo. As TIC tornaram-se menos importantes desde o ano 2000. Em 2015, porém, estão a tornar-se mais eficazes e mais pronunciadas. Desde 2015, vários países introduziram as TIC como disciplina, por exemplo, a Austrália, os EUA e o Reino Unido. Outros países, como a República Checa, a Dinamarca, a Lituânia, a Polónia e os Países Baixos, estão a trabalhar para tornar as TIC uma disciplina para os alunos do ensino primário. Isto leva-nos a algumas questões importantes a que os professores têm de responder em relação às TIC como disciplina autónoma no currículo. Algumas destas questões foram levantadas na EduSummit 2015 e muitas delas estão interligadas. De acordo com Winch (2013), a ideia de "ascensão epistémica" é crucial para a forma como estas questões podem ser utilizadas na conceção dos currículos de TIC:

- Que nível de competências e de conhecimentos deve ser promovido no domínio das TIC?
- Estas competências e conhecimentos são necessários para todos?
- Terá de ser obrigatório?
- A partir de que idade se deve iniciar a formação em TIC?
- Quantas linguagens ou estruturas informáticas deve um aluno aprender durante os anos de escolaridade do ensino básico e secundário?

- Quão diferentes devem ser estas linguagens? Deverá ser explorada uma variedade de paradigmas?

- Em que medida é que o currículo deve ser adaptado aos computadores de que as escolas e os alunos dispõem?

- Em que medida as tecnologias emergentes, como as redes e os computadores quânticos, devem ser tidas em conta na conceção do currículo?

- Que abordagens pedagógicas são adequadas e como variam em função da idade e de outros factores?

REFERÊNCIAS

ACARA. (2013, fevereiro de 2013). Projeto de Currículo Australiano: Tecnologias. Recuperado de www.acara.edu.au

Ala-Mutka, K. (2011). Mapeamento da competência digital: Para uma compreensão concetual. Sevilha: Comissão Europeia, Centro Comum de Investigação. Instituto de Estudos de Prospetiva Tecnológica. Obtido em 10 de janeiro de 2015 em http://ipts.jrc.ec.europa.eu/publications/pub.cfm?id%4699.

Al-ruz, J. A. e Khasawneh, S., 2011. Jordanian preservice teachers' and technology integration: A human resource development approach, Educational Technology and Society, vol. 14, pp. 77-87.

Sociedade Australiana de Computadores [ACS], (2015). Australia's digital pulse: Key challenges for our nation - digital skills, jobs and education [O pulso digital da Austrália: Principais desafios para a nossa nação - competências digitais, empregos e educação]. Sydney, Austrália: Deloitte Access Economics.

Sociedade Australiana de Computadores [ACS], (2015). Australia's digital pulse: Key challenges for our nation - digital skills, jobs and education [O pulso digital da Austrália: Principais desafios para a nossa nação - competências digitais, empregos e educação]. Sydney, Austrália: Deloitte Access Economics.

Beauchamp, G. A. (1972). Componentes básicos de uma teoria do currículo. Curriculum Theory Network, 3(10), 16-22.

Becta. (2007). O impacto das TIC nas escolas - uma panorâmica do panorama.

Berry, M. (2013). Computing in the national curriculum: A Guide for primary teachers. Bedford, Reino Unido: NAACE - Computing at School.

Blackmore, J., Hardcastle, L., Bamblett, E., & Owens, J. (2003). Utilização eficaz das tecnologias da informação e da comunicação (TIC) para melhorar a aprendizagem dos alunos desfavorecidos. Deakin Centre for Education and Change, Institute of Disability Studies, Deakin University e Institute of Koorie Education, Deakin University, Austrália.

Bonifacio, A. L. (2013). Desenvolvimento de normas curriculares em matéria de tecnologias da informação e da comunicação (TIC) para as escolas do ensino básico e secundário nas Filipinas. Obtido em https://linc.mit.edu/linc2013/proceedings/Session7/Session7Bonifacio.pdf

Braslavsky, C. (2003). O currículo. Genebra, Suíça: UNESCO International Bureau for Education. Recuperado de http://portal.unesco.org/education/en/file_download.php/3c70bf409f9a7d3e07 2f80d8c7dcc597cecilia+e.pdf.

Capuk, S. (2015). Modelos de integração das TIC no currículo do ensino básico e secundário nos EUA. Procedia-Social and Behavioural Sciences, 191, 1218-1224.

Chen, C. H., 2008. Porque é que os professores não põem em prática aquilo em que acreditam relativamente à integração da tecnologia? Journal of Educational Research, vol. 102, pp. 65-75.

Condie, R., Munro, B., Muir, D., & Collins, R. (2005). O impacto das iniciativas TIC nas escolas escocesas: Fase 3. Edimburgo: Departamento de Educação do Governo Escocês.

Cuban, T., &Tyack, D. B. (1995). Tinkering towards Utopia: A Century of Public School Reform [A reforma da escola pública]. Cambridge, MA: Harvard University Press.

Dawes, L. (2001). What prevents teachers from using new technologies. Issues in teaching using ICT, 61.

De Witte, K., & Rogge, N. (2014). As TIC desempenham um papel na eficácia e eficiência do ensino da matemática? Computadores e Educação, 75, 173-184.

Ministério da Educação. (2013). Currículo nacional em Inglaterra: programas de estudo de informática. Londres, Reino Unido: Ministério da Educação.

Dilkes, J., Cunningham, C., & Gray, J. (2014). O novo currículo australiano, os professores e o cansaço da mudança. Australian Journal of Teacher Education, 39(11), 45-64.

Dilkes, J., Cunningham, C., &Gray, J. (2014). O novo currículo australiano, os professores e o cansaço da mudança. Australian Journal of Teacher Education, 39(11), 45-64.

Erstad, O. (2010). Educar a geração digital. Nordic Journal of Digital Literacy, 5(01), 56-71.

Eurydice et al, 2002. Eurydice, Agência de Execução relativa à Educação, ao Audiovisual e à Cultura (2009/2010). Organização do sistema educativo na

Eslováquia. Disponível em:
http://eacea.ec.europa.eu/education/eurydice/documents/eurybase/eurybase_fu
ll_reports/SK_EN.pdf .

Ferrari, A. (2012). Competência digital na prática: uma análise dos quadros de
referência. Relatórios técnicos do CCI. Luxemburgo: Comissão Europeia,
Centro Comum de Investigação. http://dx.doi.org/10.2791/82116.

Ferrari, A. (2013). DIGCOMP: Um quadro para desenvolver e compreender a
competência digital na Europa. Em Y. Punie, & B. N. Bre_cko (Eds.), JRC
scientific and policy reports. Luxemburgo: Serviço das Publicações do
União Europeia. http://dx.doi.org/10.2788/52966.

Fu, D.C. 2001. "New Curriculum and TeacherDevelopment". Em An Interpretation of
the Compendium of National Curriculum Reform in Basic Education
(Tentative), ed. Q.Q. Zhong, Y.H. Cui, and H. Zhang, 421-36. Zhong, Y.H. Cui
e H. Zhang, 421-36, Xangai: East China Normal University Press.

Hawkridge, D. (1990). Quem precisa de computadores nas escolas, e porquê?
Computadores e Educação, 15(1-3), 1-6.

Hermans, R., Tondeur, J., van Braak, J., & Valcke, M. (2008). A influência das crenças
pedagógicas dos professores do ensino primário na utilização de computadores
na sala de aula. Computadores e Educação, 51(4), 1499-1509.

Honan, E. 2008, Barriers for teachers when using digital texts in reading and writing
lessons (Barreiras para os professores na utilização de textos digitais em aulas de leitura
e escrita).
Alphabetisation, vol. 42, pp. 36-43.http://www.ncate.org/Default.aspx

Husing, T., & Korte, W. B. (2010). Assessment of the implementation of the European
Commission Communication: E-skills for the 21st century. Bona, Alemanha:
Empirica. Retirado de http://hdl.voced.edu.au/10707/323186.

ISTE (Sociedade Internacional para a Tecnologia na Educação) (2000). Technology
performance profiles for teacher preparation, International Society for
Technology in Education. [Em linha] disponível em:
http://cnets.iste.org/index3.html.

Janssen, J., Stoyanov, S., Ferrari, A., Punie, Y., Pannekeet, K., & Sloep, P. (2013). As
opiniões dos peritos sobre a literacia digital: pontos comuns e diferenças.

Computadores e Educação, 68, 473e481.
http://dx.doi.org/10.1016/j.compedu.2013.06.008.

Kargiban, Z. A., & Kaffash, H. R. (2012). ICT Curriculum in Secondary School: A Comparison of Information and Communication Technology in the Curriculum among England, America, Canada, China, India, and Malasya. Revista Internacional de Aplicações Informáticas, 1(2), 77-99.

Kim, H. S., Kil, H. J., & Shin, A. (2014). Uma análise das variáveis que afectam o nível de literacia em TIC dos alunos coreanos do ensino básico. Computers & Education, a 77, 29e38.

Kiss, G. (2007): Differences between Hungarian and German computer science education, Conferência Internacional sobre Economia Agrícola, Debrecen, 2007, pp. 147-152

Kiss, G. (2008). O conceito de medição e comparação do nível de conhecimento dos estudantes de informática na Alemanha e na Hungria. Ata Polytechnica Hungarica, 5(4), 145-158.

Kiss, G. (2012). A medição das competências em TI e dos conhecimentos de programação dos estudantes húngaros e eslovacos. Ata Polytechnica Hungarica, 9(6), 195-210.

Koc, M. 2005, Implications of learning theories for effective technology integration and preservice teacher training: A critical literature review, Journal of Turkish Science Education, vol. 2, pp. 2-18.

Lin, M.-C., Wang, P.-Y. e Lin, I.-C., 2012. Pedagogia Tecnológica: Um modelo bidimensional para a integração das TIC pelos professores, British Journal of Educational Technology, vol. 43, pp. 97-1 08.

Mahzan Bin Bakar. (2006). Information and communication technology for learning 1-3. Revista eletrónica sobre sistemas de informação nos países em desenvolvimento. Recuperado de http:// myschoolnet.ppk.kpm.my.

Matusitz, J., & Payano, P. (2011). The Bollywood in Indian and American Perceptions: A Comparative Analysis. India Quarterly: A Journal of International Affairs, 67(1), 65-77. doi:10.1177/097492841006700105.

Ministério da Educação da Hungria, 2003. Ministério da Educação da Hungria (2003). Kormanyrendelete a Nemzeti alaptanterv kiadasarol, bevezetdsdrol ds alkalmazasarol. MEH, Budapes. (243/2003. XII.17.).

Nationale, (2009) Ministerul Educatiei, Cercetarii si Inovarii Cabinetul Ministrului -
Legea Educatiei

NCATE (Conselho Nacional de Acreditação da Formação de Professores) (2002).
Normas profissionais. 61 páginas. [Em linha] disponível em:

Ng, W. K., Miao, F., & Lee, M. (2009). Reforço das capacidades para a integração das
TIC no ensino. Digital Review of Asia Pacific, 2010, 67-76.

OCDE, 2015: Education at a glance (2015) Disponível em dezembro de 2015 em:
http://www.oecd.org/edu/education-at-a-glance-19991487.htm.

Gabinete das Comunicações [Ofcom] (2008). Social networking: A quantitative and
qualitative research report on attitudes, behaviours and usage [Redes sociais:
relatório de investigação quantitativa e qualitativa sobre atitudes,
comportamentos e utilização]. Londres, Reino Unido: Ofcom. Disponível em
http://stakeholders.ofcom.org.uk/binaries/research/medialiteracy/report1.pdf.

Osted. (2004). Relatório: ICT in schools: The impact of government initiatives five
years on. Londres: Ofsted.

Oyeniya, A. (2013, 8 de novembro). Nollywood aos 20 anos? Jornal The Punch. The
Punch NG.

Passey, D. (2005). E-learning: uma avaliação da prática no Consórcio Regional de
Banda Larga de West Midlands. Publicado por WMNet.

Passey, D., Rogers, C., Machell, J., & McHugh, G. (2004). The motivational impact of
ICT on pupils (O impacto motivacional das TIC nos alunos). Inglaterra:
DfES/Universidade de Lancaster. Pilli, O., & Aksu, M. (2013). The effects of
computer-assisted instruction on the achievement, attitudes and retention of
fourth grade maths students in Northern Cyprus. Computadores e Educação, 62,
62-71.

Passey, D., Rogers, C., Machell, J., & McHugh, G. (2004). The motivational impact of
ICT on pupils (O impacto motivacional das TIC nos alunos). Inglaterra:
DfES/Universidade de Lancaster.

Sang, G., Valcke, M., Braak, J., Tondeur, J. e Zhu, C, 2011. Predicting ICT integration
into classroom teaching in Chinese primary schools: Exploring the complex
interplay of teacher-related variables, Journal of Computer Assisted Learning,

vol. 27, pp. 160-172.

Sharkey, A., & Sharkey, N. (2012). Grandma and the robots: ethical issues in robotic care for older people. Ethics and information technology, 14(1), 27-40. doi:10.1007/s10676-010-9234-6.

Slattery, P. (2013). Curriculum development in a postmodern age: Teaching and learning in an age of accountability (3º ed.). Abingdon, Reino Unido: Routledge.

Smith, T.B. (1973). The process of policy implementation. Policy Sciences, 4, 197-209.

Stenhouse, L. (1975). AnIntroduction to curriculum research and development. Londres, Reino Unido: Heinemann.

Taubman, P. M. (2009). Teaching by the numbers: Deconstructing the discourse of standards and accountability in education [Desconstruindo o discurso das normas e da responsabilidade na educação]. Upper Saddle River, NJ: Pearson Merrill/Prentice-Hall.

Teo, T., Chai, C. S., Hung, D. e Lee, C. ?., 2008. Crenças sobre o ensino e a utilização da tecnologia entre os futuros professores. Asia-Pacific Journal of Teacher Education, vol. 36, pp. 163-174.

Tezci, E., 2011a. Factores que influenciam a utilização das TIC na sala de aula pelos futuros professores. Revista Europeia de Formação de Professores, vol. 34, pp. 483-499.

Ticoll, D. (2015, outubro). Mudanças na condução: veículos automatizados em Toronto. Documento de discussão do Instituto de Investigação em Transportes da Universidade de Toronto. Recuperado de https://www1.toronto.ca/City%20Of%20Toronto/Transportation%20Services/ TS%20Publications/Reports/Driving%20Changes% 20Final%20(comprimido).pdf.

Tran, T. M. (2016). An Analysis of the Content, Policies and Assessment of ICT Curricula in the Final Years of Secondary Schooling in Australia and Vietnam: A Comparative Educational Study [Análise do conteúdo, políticas e avaliação dos currículos de TIC nos últimos anos do ensino secundário na Austrália e no Vietname: um estudo educativo comparativo]. Obtido em http://www.jite.org/documents/Vol15/JITEv15ResearchP049- 073Tran2111.pdf

Tsohou, A., Lee, H., & Irani, Z. (2014). Administração pública inovadora através da computação em nuvem: privacidade, modelos de negócios e desafios de medição de desempenho. Transforming Government: People, Process and Policy, 8(2), 251-282. doi:10.1108/TG-09-2013-0033.

Twining, P. e F. Henry (2014). "Melhorar o 'Ensino das TIC' nas escolas inglesas: Vital Lessons". World Journal ofEducation, Vol.4, No.2, 2014.

U. Departamento de Educação dos EUA. (2003). Federal funding for educational technology and its use in the classroom: A summary of findings from the Integrated Studies of Educational Technology. Gabinete do Subsecretário, Serviço de Estudos de Políticas e Programas: Washington, D.C. Disponível em www.ed.gov.html.

Unesco. (2002): Tecnologias da informação e da comunicação na educação: Um currículo para as escolas e um programa de formação de professores. J. Anderson (Ed.). Unesco.

Conferência das Nações Unidas sobre Comércio e Desenvolvimento [UNCTAD]. (2014). Principais estatísticas e tendências do comércio internacional 2014. Genebra, Suíça: Publicação das Nações Unidas. Disponível em http://unctad.org/en/PublicationsLibrary/ditctab2014d2_en.pdf.

Valentine, G., Marsh, J., & Pattie, C. (2005). Children and young people's use of ICT at home for educational purposes (A utilização das TIC em casa por crianças e jovens para fins educativos). Londres: DfES.

van der Meulen, R. (2013, outubro). Segundo a Gartner, o mercado mundial de videojogos totalizará 93 mil milhões de dólares em 2013 [Web log post]. Recuperado de http://www.gartner.com/newsroom/id/2614915.

Vanderlinde, R. (2011). Um novo currículo de TIC para o ensino primário na Flandres: Definir e prever as percepções dos professores sobre as características da inovação. Obtido em http://www.jstor.org/stable/pdf/jeductechsoci.14.2.124.pdf.

Vitanova, V., Atanasova-Pachemska, T., Iliev, D., & Pachemska, S. (2015). Factores que influenciam o desenvolvimento das competências dos professores em matéria de TIC nas escolas primárias. Procedia-Social and Behavioural Sciences, 191, 1087-1094.

Webb, M., Fluck, A., Cox, M., Angeli-Valanides, C., Malyn-Smith, J., Voogt, J., & Zagami, J. (2015). Currículo: promovendo a compreensão do papel da ciência da computação no currículo. Em K. W. Lai (Ed.), Resumo do EDUsummIT 2015.

Relatório (pp. 61-70). Recuperado de

http://www.curtin.edu.au/edusummit/local/docs/edusummit2015-ebook.pdf.

Webb, M., Fluck, A., Cox, M., Angeli-Valanides, C., Malyn-Smith, J., Voogt, J., &

Zagami, J. (2015). Currículo: promovendo a compreensão do papel da ciência da

computação no currículo. Em K. W. Lai (Ed.), EDUsummIT 2015 Summary

Report (pp. 61-70). Recuperado de

http://www.curtin.edu.au/edusummit/local/docs/edusummit2015-ebook.pdf.

Winch, C. (2013). Desenho curricular e ascensão epistemológica. Journal of Philosophy

of Education, 47(1), 128-146. doi:10.1111/1467-9752.12006.

Organização Mundial do Comércio [OMC] (2014a). Estatísticas do Comércio

Internacional 2014, disponível em

https://www.wto.org/english/res_e/statis_e/its2014_e/its2014_e.pdf.

Organização Mundial do Comércio [OMC] (2014b). Relatório sobre o Comércio

Mundial 2014, disponível em

https://www.wto.org/english/res_e/booksp_e/world_trade_report14_e.pdf.

Yildirim, S., 2007. Utilização atual das TIC nas escolas primárias turcas: A review of

teachers' ICT use and barriers to integration, International Journal of

Instructional Media, vol. 34, pp.171-186.

Young, M. (2013). Superando a crise da teoria do currículo: Uma abordagem baseada

no conhecimento. Journal of Curriculum Studies, 45(2), 101-118.

SOBRE OS AUTORES

1- Dr. Yousef Ali Mohamed Mubarak Al-Hammadi

Informações pessoais

Nacionalidade: Emirados Árabes Unidos

Data de nascimento: 12/12/1967

Número de contacto: + 971-50-2266897

Correio eletrónico: yousef-a@uaeu.ac.ae ou ymubarak@hotmail.com

Qualificações

2006 Doutoramento na Universidade de Tecnologia de Queensland, Austrália, com especialização em segurança da informação, título da dissertação: "Novel Methods for Primality Testing and Factoring".

1998 Mestrado na Universidade de Detroit Mercy, EUA, com especialização em Sistemas Informáticos e de Informação.

1991 Bsc da Universidade dos Emirados Árabes Unidos, com uma licenciatura em Matemática e uma especialização em Ciências da Computação. Certificado de acordo com a norma ISO 27001:2005.

Artigos publicados

Y . Hammad, An Analysis of Public Key Cryptosystems, 3rd Australian Information Warfare & Security Conference 2002, 28-29 de novembro de 2002, Perth.

Y . Hammad, G. Carter, E. Dawson, W. Muller, Y. Hitchcock, RAK Factoring Algorithm, Australian Journal of Combinatorics, páginas 291-305, volume 33, 2005.

Y . Hammad, G. Carter, E. Dawson, Y. Hitchcock, Improvements to the RAK Factoring Algorithm, Cryptographic Algorithms and their Uses Workshop, 5-6 de julho de 2004, Gold Coast, Austrália. Páginas 152-166.

Y . Hammad, E. Dawson, G. Carter, ALI Primality Testing, 48ª Reunião Anual da Sociedade de Matemática da Austrália, Codificação e Criptografia, 28 de setembro a 1 de outubro de 2004, RMIT, Melbourne, Austrália.

Y . Al Hammadi, Improvement to Shor's Factoring Algorithm, Groups, Group Rings &

Related Topics (GGRRT 2013), 28-31 de outubro Al-Ain, UAE Uiversity, Emirados Árabes Unidos.

2- O Dr. Al-Qirim é Professor Associado na Faculdade de Tecnologia da Informação da Universidade dos Emirados Árabes Unidos (UAEU) desde 2004. As suas qualificações incluem um doutoramento, um diploma de pós-graduação (IS), um MBA e uma licenciatura em engenharia eléctrica. É autor/editor de um livro de investigação e de três livros editados no domínio dos sistemas e da gestão da informação. Publicou mais de 100 artigos de investigação em revistas internacionais com elevado impacto (PACIS, AMCIS, ECIS, IFIP, BLED, EM, Computer&Eduaction, ECRA, Telemedicine and eHealth). Presidiu ou participou em vários comités, workshops, conferências e números especiais de revistas. Os seus interesses de investigação em sistemas de informação e gestão estão principalmente relacionados com o estudo da adoção e difusão de diferentes tecnologias em diferentes contextos. Tecnologias como a computação em nuvem, os serviços Web, os sistemas de informação em saúde e a telemedicina, o comércio eletrónico, a administração pública em linha, o comércio móvel, a externalização, a gestão da cadeia de abastecimento, as tecnologias de ensino/aprendizagem e a Web 2.0. As áreas abrangidas incluem grandes e pequenas empresas, economias desenvolvidas, em desenvolvimento e subdesenvolvidas e até organizações não governamentais. É também membro das principais associações académicas e profissionais (IEEE Senior Member, ACM, AIS) e faz parte do conselho editorial de várias revistas (JIKM, IJCEC, JECO, BPMJ, IJNOV, IDI, IJCA). O Dr. Al-Qirim tem 13 anos de experiência no meio académico (UAEU, Universidade de Tecnologia de Auckland) e 10 anos no sector das TI como consultor de TI. Para mais informações, visite o sítio Web: http://faculty.uaeu.ac.ae/nalqirim/

3- Mohammed M. A. Abu Omar

Dados pessoais Nacionalidade: Palestina Data de nascimento: 20/3/1993

Número de contacto: + 971-50-8276654

Correio eletrónico: 201150326@uaeu.ac.ae OU moh168@live.com

Qualificações

Programa de Mestrado, Universidade dos EAU

Licenciatura em Matemática Aplicada e Ciências da Computação, Universidade dos Emirados Árabes Unidos.

Índice

RESUMO.. 1

CAPÍTULO 1 2

CAPÍTULO 2 13

CAPÍTULO 3 32

REFERÊNCIAS.. 43

Printed by Books on Demand GmbH, Norderstedt / Germany